LE
PAYSAN et le BOURGEOIS
DEVANT L'IMPOT

DIALOGUE

PAR

LAMY

CULTIVATEUR AU PONT-HUBERT

Prix: 0 fr. 25

VENTE CHEZ L'AUTEUR

1889

LE

PAYSAN et le BOURGEOIS

DEVANT L'IMPOT

DIALOGUE

PAR

LAMY

CULTIVATEUR AU PONT-HUBERT

Prix : 0 fr. 25

—

1889

LE PAYSAN ET LE BOURGEOIS

DEVANT L'IMPOT

LE PAYSAN

Les campagnes ont été de tout temps écrasées par les impôts; aussi bien en République que du temps des Romains; sous Clovis que l'on considère comme le premier Roi de France; et au Moyen-Age qu'à présent.

LE BOURGEOIS

Vous vous plaignez mal à propos: les impôts fonciers ne sont pas augmentés depuis le cadastre de 1834.

LE PAYSAN

Vous me dites que l'impôt foncier n'a pas été augmenté depuis 1834, j'en conviens. Mais le Conseil général, quand il s'agit des canaux, des routes, etc., des maisons d'école et de l'instruction gratuite, s'il vote des fonds, qui est-ce qui les paye ainsi les dépenses des communes? Je vois tous les ans augmenter mes impôts.

LE BOURGEOIS

L'industrie et le commerce en payent leur bonne part.

LE PAYSAN

J'en conviens. Mais le commerçant s'arrange de manière à se décharger sur ses clients. Il fait tous les ans son inventaire. Son inventaire fait, s'il voit que son argent, employé dans son commerce, ne lui rapporte pas tant pour cent, que son loyer, ses frais de ménage et employés, sont trop élevés, s'il voit enfin qu'il ne gagne pas assez ou qu'il est en perte, il commence par diminuer le salaire de ses ouvriers si c'est un industriel.

Si c'est un commerçant, il augmentera le prix de ses marchandises, où il achètera à meilleur compte nos bestiaux, nos grains et graines de toutes espèces. *Je parle ici des gros commerçants, meuniers, boulangers, bouchers, etc.*, qui sont tous formés en syndicats ou en corporations et qui par ce moyen nous exploite comme ils veulent.

Mais les *petits commerçants* sont trop nombreux, ils ne peuvent pas s'entendre, et par dessus le marché ils sont obligés d'acheter leurs marchandises aux gros commerçants et, par conséquent, ils ne peuvent pas éviter la concurrence. Et on ne les ménage pas sur leurs patentes, ils en payent toujours plus à proportion que les gros, et voilà pourquoi l'ouvrier qui a besoin d'un demi-kilog de porc qui coûte aux bouchers et charcutiers 60 et 70 centimes, on lui vend 1 fr., c'est toujours lui qui paye les impôts.

LE BOURGEOIS

Le commerçant ne fait pas toujours comme il

veut : il a à lutter contre la concurrence étran-
gère s'il veut conserver sa clientèle.

LE PAYSAN

C'est vrai. Mais les gros commerçants se rat-
trapent sur les producteurs qui sont les paysans.
Ils achètent nos blés et nos bestiaux à des prix de
manière qu'ils ont toujours le même bénéfice
par quintal et un tiers de moins d'argent à
employer dans leur commerce, ce qui leur fait
encore un bénéfice de plus. Les commerçants qui
se font concurrence dans le détail sacrifient cer-
tains articles, comme dans l'épicerie et chez les
marchands d'habillements confectionnés ; ils se
contentent de l'escompte sur certaines marchandises pour vendre davantage. Mais il y a
tant d'articles en dehors de ceux qui ne sont pas
dans la catégorie des articles sacrifiés, c'est-à-
dire des réclames, sur lesquels ils gagnent suffi-
samment, ce qui fait qu'ils font toujours leurs
affaires.

LE BOURGEOIS

Mais vous vous plaignez à tort : vous vendez
vos œufs, votre beurre, vos bestiaux, toutes ces
choses sont très chères, et vous dites que vous ne
faites pas de bénéfices.

LE PAYSAN

J'ai soixante-huit ans, j'ai entendu bien des
fois raisonner comme vous, même par des propriétaires de fermes. Eh bien, c'est le manque de
connaissance de notre état qui les faisaient parler ainsi. Ils traitaient leurs fermiers de routi-

niers, qu'ils ne suivaient pas le progrès ; ils ont repris leurs fermes et les ont fait exploiter à leur compte et ils ont appris notre état à leurs dépens. Ces messieurs ont été obligés d'abandonner la culture, ils ont vendu leurs terres en détail et les bâtiments *à enlever*.

Quelques-uns se sont ruinés. S'il y en a encore qui les font valoir, c'est par pure fantaisie, parce qu'ils ont plus qu'il ne leur faut pour entretenir leur maison sans le revenu de la ferme. Ces gens-là sèment souvent des pièces de 5 fr. pour récolter des pièces de 0,50 cent. Quand ils ont déduit les gages des domestiques, l'entretien du matériel, les pertes de bestiaux, les pertes occasionnées par les gelées, la sécheresse, les engrais employés, etc., ils voient bien qu'ils n'ont pas de gains. C'est purement et simplement de la gloriole. On va trouver Monsieur le président de la Société académique ou Monsieur le président du Comice agricole pour leur expliquer les progrès qu'on a faits dans la culture. On nomme une commission pour aller visiter les emblaves qu'on trouve magnifiques. On est invité à déjeûner chez le propriétaire (vous pensez qu'il n'y manque rien, pas même le Champagne), la commission fait son rapport soit à la Société académique, soit aux Messieurs du Comice. Monsieur a le 1er prix ! cela se répète dans tous les journaux. Monsieur trouve cela assez rémunérateur puisqu'il ne travaille que pour cela. Il doit être bien satisfait.

LE BOURGEOIS

Il n'y a pas que l'agriculture qui souffre! les commerçants se plaignent aussi sur toutes espèces de marchandises.

LE PAYSAN

C'est la faute du gouvernement. Si on avait soutenu l'agriculture, les campagnes ne seraient pas sorties des villages pour aller en ville. La plus grande partie des restaurants, marchands de comestibles, marchand de vins, épiciers, ouvriers bonnetiers, etc., est fournie par les enfants des petits manouvriers des campagnes qui ont mieux aimé cela que de travailler dans la culture avec leurs pères pour faucher les prés et faire la moisson pour leurs laboureurs, comme autrefois, et se ramasser quelques arpents de terre; ils vont dans les manufactures au détriment des ouvriers des villes. Les filles des fermiers ou des gros propriétaires se marient avec des commerçants, des employés. Il y a dix marchands pour une, voilà la cause principale.

Les républicains de toutes nuances et les monarchistes disent tous qu'il faut soulager l'agriculture pour se faire nommer députés; mais une fois qu'ils sont nommés ils font leurs affaires avant tout.

Ils savent bien que les paysans ne font pas de barricades et qu'ils ne sont pas à craindre.

LE BOURGEOIS

Pour soulager l'agriculture il faudrait diminuer les gros traitements et supprimer des employés inutiles.

LE PAYSAN

Je vous comprends maintenant ! On peut frapper sur tout, excepté sur vous. Je ne connais qu'une manière de soulager l'agriculture, ce serait de faire payer aux rentiers un impôt sur leurs rentes c'est-à-dire un impôt proportionné à leurs revenus ; et que chacun paye sa part des frais du gouvernement à proportion de ce qu'il possède, cela me paraît très juste.

LE BOURGEOIS

Mais un petit rentier qui n'a que juste pour vivre, si on lui fait payer un impôt sur ses rentes il ne pourra plus vivre ne pouvant plus travailler.

LE PAYSAN

Je suppose que les petits rentiers dont vous me parlez n'aient que 1,000 fr. s'ils sont deux, et 600 fr. s'il est seul.

Regardez donc ce qui se passe dans les campagnes avec ceux qui possèdent de 600 à 1,000 fr. de rente. On ne leur fait pas grâce d'un centime, ils payent à proportion autant que les gros propriétaires en biens-fonds. Voilà ce qui s'appelle l'assiette de l'impôt bien établie. Je vais vous en donner une preuve.

Un jour, j'ai vu un commissaire avec deux autres personnes. Je connaissais le commissaire, je me suis avancé auprès de lui et je lui ai demandé ce qu'il venait faire au pays. Il m'a répondu : « nous venons pour faire une saisie chez *la Bonde* Beugnot parce qu'il n'a pas payé ses impôts, sur sa cote mobilière ». *La Bonde* était garçon boulanger et père de cinq enfants, et par conséquent seul pour gagner la vie et l'entretien de sept personnes. Il n'avait pas 1,000 fr. de rente celui-ci !

Il m'a dit : « après cela nous irons à Baires-St-Parres saisir chez la mère Michaut », je lui ai dit vous n'aurez pas du mobilier pour les frais. Il m'a répondu : « on saisira ses emblaves ». — Elle avait encore un petit champ pour y mettre un peu de grain pour ses poules et un peu de légumes pour son usage ; si vous lui prenez elle n'aura plus rien pour vivre ! une femme qui a au moins soixante-douze ans.

Elle n'avait pas 600 fr. de rente ; celle-là. Voilà ce qui s'appelle une injustice. Et vous voyez qu'on ne ménage pas les gens de la campagne.

LE BOURGEOIS

Les rentiers ont souvent des pertes, ils ont souvent des difficultés pour avoir leurs rentes et quelquefois ils perdent encore le principal, c'est-à-dire le capital par dessus le marché. Vous autres vous ne perdez rien, vous vendez tout au comptant.

LE PAYSAN

Vous dites que vous avez des difficultés de recevoir vos rentes. Nous avons aussi des difficultés pour avoir nos fourrages quand il fait des mauvais temps, qu'il faut retoucher le foin plusieurs fois. Le foin presque sec, la pluie arrive dessus, on n'a pas le temps de le mettre en tas, le foin est perdu. Nos rentes c'est le foin, alors nous avons perdu notre travail et nos rentes!...

Quand il nous arrive de perdre un cheval de 700 à 800 fr., une vache de 400 fr., un veau, etc., nous perdons le capital et la rente. Et vous dites que nous ne sommes pas assujettis aux pertes comme les rentiers? Quand il arrive une grêle, une gelée, tout notre travail est perdu, vous n'appelez pas cela perdre son capital? Si j'ai dépensé mille, deux mille ou trois mille francs pour main-d'œuvre et fournitures, mes chevaux que j'ai employés, les semences, tout cela peut former un capital; si je n'ai rien récolté il est perdu et il faut tout de même que je paye mes impôts.

LE BOURGEOIS

Combien de personnes se sont ruinées pour avoir pris des actions de banque et autres!...

LE PAYSAN

C'est la spéculation qui leur a fait faire cela dans l'intention de recevoir un dividende au-dessus de la rente ordinaire sur l'argent, comme ceux qui ont des titres sur le Mexique, et c'est toujours l'appas du gain qui fait faire ces opérations.

Sully, ministre d'Henri IV, Colbert, ministre de Louis XIV, et Turgot, ministre de Louis XVI, connaissaient mieux les intérêts de l'industrie qu'on ne les connait aujourd'hui. On ne s'occupe plus que de l'intérêt des villes au détriment des campagnes.

Henri IV disait : « l'industrie et l'agriculture sont les deux mamelles de la France, elles ne peuvent marcher l'une sans l'autre. » Aujourd'hui on ne comprend plus cela de cette manière, les riches disent : les petits ne mangeront jamais les gros.

Il viendra un jour où les campagnes, qui sont la majorité de la France puisqu'elles sont 26 millions contre 6 millions des villes, l'instruction leur fera voir clair et elles remplaceront le Tiers-Etat de 1789.

LE BOURGEOIS

Si ce n'était pas nous qui fournissions de l'argent au gouvernement. Le gouvernement ne pourrait rien faire.

LE PAYSAN

Si vous prêtez de l'argent au gouvernement en temps de crise, votre argent est bien assuré et avec des intérêts convenables. Le gouvernement c'est donc encore nous tous qui lui servons de caution, puisqu'il n'y a que les propriétaires fonciers qui paient les impôts.

Vous pouvez, avec des économies, augmenter votre capital, vous ne payez pas d'impôt sur votre revenu, vous ne dépensez que ce qu'il faut pour votre vie et votre entretien.

Voilà quarante-cinq ans que je suis marié, j'ai payé en moyenne 150 francs par an, ce qui fait en tout 6.750 fr., et je ne comptais pas les 0.45 centimes de 1848, soit encore en plus

67.50 centimes. Or, si je comptais l'intérêt com-
posé depuis la première année jusqu'à aujour-
d'hui cela ferait un bon petit capital, commé
vous le voyez.

Vous ne savez pas combien nous payons d'impôt par 100 francs de rentes ? eh bien ! nous en
payons pour 13 fr. 50 centimes.

En voici la preuve : je louerais un arpent
dans les meilleures terres de Saint-Parres, avec
beaucoup de peine, 30 francs ; il me faudra
333 cordes pour me faire 100 francs de revenus ;
ôtez les 13 fr. 50 vous voyez que nos revenus
ne sont pas grands, et les terres qui sont éloi-
gnées, malgré les 13 fr. 50 d'impôt, on les loue-
rait à peine 20 francs, ce qui ferait cinq arpents pour avoir 100 francs de rentes, je paie-
rais 66 fr. 50 d'impôts, ajoutez les centimes ad-
ditionnels de la commune et du département et
vous verrez, messieurs les rentiers. Vous avez
tout cela de reste dans vos coffres-forts.

Si je fais un échange, si je donne du bien à
mes enfants, si j'hérite de mes parents, mes
immeubles sont connus, il faut payer au gouvernement. Vous, vous pouvez avec votre argent lui boucher l'œil pour une bonne partie,
mais nous, non.

Nous avons aujourd'hui l'instruction gratuite,
cela ne vous gêne pas, vous en profitez tout de
même, vous avez des juges de paix, des juges
civils, des gendarmes, une armée pour défen-
dre les frontières et maintenir l'ordre à l'inté-
rieur, ce sont toujours les mêmes qui fournis-
sent pour l'entretien de tout ce monde-là, et

vous croyez que cela est juste? Je dis, pour quant à moi, non! cela n'est pas juste. Avant 1790, il y avait des privilèges: les couvents, les chapitres, ne payaient pas d'impôts à l'Etat, ni les bourgeois; ils ne payaient que les impôts pour l'entretien des communes ainsi que les faubourgs, qu'on appelait faubourgs francs.

C'était la réserve du roi en temps de crise. Ou si le roi était fait prisonnier, il demandait aux villes une somme d'argent; si les bourgeois se trouvaient gênés, ils réclamaient la réduction de manière à donner le moins possible, on ne leur payait pas d'intérêt et il n'y avait pas d'amortissement.

Aujourd'hui, vous ne payez pas d'impôts et si vous prêtez de l'argent au gouvernement on vous paie les intérêts et on vous rembourse la somme; vous êtes encore bien mieux privilégiés. Avant 1790, les bourgeois avaient beaucoup de vignes, des prés, des pièces de terre sur plusieurs communes, ils ne payaient sur chaque commune des impôts que pour l'entretien des *ponts*, de la maison d'école, du presbytère, de la nef de l'église, enfin tout ce qui était à la charge de la commune; mais depuis le gouvernement du roi Louis-Philippe, ils ont vendu tous leurs biens en détail ou leurs fermes pour trafiquer sur l'argent et ne plus payer d'impôts et les voilà encore mieux privilégiés qu'ils l'étaient avant 1789.

LE BOURGEOIS

Et la conversion des rentes du 5 en 4 1/2 et le 4 1/2 en 3 0/0?

LE PAYSAN

Vous appelez cela une perte.

Si vous ne voulez pas de la conversion on vous remboursera intégralement votre titre, on ne vous fait pas de tort. On avait réduit le 5 0[0 en 4 1[2 pour dix ans, il fallait le vendre à temps, le gouvernement est libre de la faire la conversion, c'est son droit.

Depuis que vous avez ces titres, si vous aviez payé des impôts comme moi, vous auriez perdu davantage que par la conversion. Je ne suis pas partisan de l'impôt progressif qui frapperait sur les riches en laissant les petits rentiers ne presque rien payer sur leurs rentes. Je voudrais que ce soit comme dans les campagnes, que les petits rentiers payent à proportion de leurs moyens. S'ils n'ont pas assez pour vivre, qu'ils fassent comme nous, qu'ils travaillent pour suffire à leurs besoins.

LE BOURGEOIS

Mais s'ils ne peuvent plus travailler?

LE PAYSAN

Eh bien ! ils seront dans les mêmes conditions que nous. On ne s'occupe pas si nous avons de quoi vivre.

LE BOURGEOIS

Je crois que ce qui vous fait parler ainsi, c'est que vous n'avez pas d'argent.

LE PAYSAN

Vous dites que si je parle ainsi c'est que je n'ai pas d'argent. Il est vrai que je n'en ai point, mais vous ne pouvez pas prouver que c'est cela qui me fait parler de cette manière, et moi j'aurais plus aisé de prouver que, d'après votre raisonnement, c'est votre égoïsme qui en est la cause.

LE BOURGEOIS

Et sur nos maisons, on ne nous ménage pas non plus, on nous en fait payer assez.

LE PAYSAN

Si c'est comme dans les campagnes, les gros bourgeois payent beaucoup moins d'impôts sur leurs maisons que les petits prepriétaires en payent. Cela dépend des autorités qui ont soin de nommer des répartiteurs de leur choix, qui font leurs affaires et celles de ceux qui les ont nommés répartiteurs. Nous avons vu cela cette année.

LE BOURGEOIS

Vous me disiez tout à l'heure que dans la campagne l'assiette de l'impôt était proportionnée au revenu, et vous me dites que sur les maimaisons la répartition n'est pas juste.

LE PAYSAN

Je parlais des terres, des prés et des bois. Je vais vous en donner un exemple.

Les terres et les prés, etc., sont classés première, deuxième et troisième classe. Tous les propriétaires qui font partie d'une classe, je suppose la première, qui paye 4 francs les 42 ares 21 centiares, celui qui en a 42 ares 21 centiares paye 4 francs d'impôts, celui qui en a 21 ares 11 paye 2 francs et tous à proportion de ce qu'ils possèdent. Mais sur les maisons, ce n'est plus la même chose, parce que les maisons ne peuvent pas être toutes estimées le même revenu et c'est là-dessus que nous sommes inégaux devant l'impôt.

Il y a des maisons qui peuvent rapporter le double d'une autre et qui ne payent pas plus d'impôt. J'en ai la preuve au Pont-Hubert, et je pense que notre commune n'est pas la seule qui soit dans ces conditions là ; il est à souhaiter que le gouvernement mette ordre à cela.

Ce sont toujours les maires qui font la liste des répartiteurs et l'envoient à MM. les préfets qui l'acceptent, et ils ont soin de nommer des hommes dévoués, sur lesquels ils peuvent compter pour faire leurs affaires. Ils les conservent pendant plusieurs années, c'est-à-dire tant qu'ils peuvent, s'ils servent leurs intérêts.

Ces messieurs les répartiteurs en profitent également, ainsi que leurs amis, comme on peut s'en rendre compte dans la commune de Pont-Sainte-Marie.

LE BOURGEOIS

D'après votre raisonnement, j'en conclus que vous en voulez aux riches propriétaires aussi

bien qu'aux capitalistes ; car ordinairement le
maire ainsi que la majeure partie du conseil
municipal sont des capitalistes ou de gros propriétaires.

LR PAYSAN

Monsieur, vous êtes dans une erreur mani-
feste. Je n'ai de parti pris ni pour ni contre ces
messieurs. Cependant je ne peux pas parler au-
trement puisque je n'ai pas vu les autres, c'est-
à-dire les petits propriétaires, remplir ces fonc-
tions. Il me reste à savoir s'ils en feraient de
même. C'est à l'administration supérieure d'y
veiller.

LE BOURGEOIS

Quand vous vous trouvez gêné dans vos affaires par des pertes, ou que vous avez acquis
une propriété moyennant argent comptant et
qu'à ces conditions vous avez fait une affaire
avantageuse, vous êtes bien aises de trouver de
l'argent pour remplir les conditions contenues
dans le contrat; alors les capitalistes vous ren-
dent service; faute d'argent il faudrait laisser
le bon marché pour un autre.

LE PAYSAN

J'en conviens. Mais en vous en payant les
intérêts, on vous en rend un autre. Si personne
ne vous empruntait votre argent, il ne vous rap-
porterait rien, et vous auriez bientôt fait d'user
votre capital. Qua   vous nous en prêtez c'est à
5 0[0, le plus so   t avec inscriptions sur nos

biens pour votre garantie, et c'est de l'argent qui nous coûte cher la première année pour l'enregistrement de l'obligation que nous avons contractée envers vous.

Si le gouvernement vous payait les intérêts à 5 0|0 vous n'en auriez point pour nous, à moins que nous ne soyons dans votre catégorie; car j'ai entendu dire que ceux qui raisonnent comme moi étant à peu près tous connus, s'ils avaient besoin d'argent pour leurs affaires, il est convenu que personne de vous ne leur en donnerait; ainsi qu'aux ouvriers ou marchands qui ont des opinions qui ne sont pas conformes aux vôtres.

Point d'argent aux ouvriers et point d'argent aux marchands.

LE BOURGEOIS

Voici les élections pour l'année 1889, vous pourrez vous compter : le nombre des gens qui pensent comme vous ne sera pas considérable.

LE PAYSAN

Peut-être un peu plus que vous ne pensez. Vous avez déjà pu voir dans la dernière élection partielle qui s'est faite dans le département de l'Aube : Vous comptiez sur votre influence sur les gens de la campagne pour faire vos affaires!...

Vous connaissez dans toutes les communes du département les propriétaires qui ont quelques mille francs, et vous leur faites entendre que s'ils votent pour tel individu qui veut la réforme des abus, un impôt proportionnel sur les rentes comme sur le bien foncier, que leur argent ne leur rapportant déjà pas beaucoup, ne leur rapportera presque plus rien. Les bonnes gens se laissent influencer par les raisonnements que vous leur faites sur la Commune de Paris en 71, vous leur faites voir le spectre rouge comme en 1848 en 1871; mais, pour moi, je crois que vos procédés sont usés.

Si un propriétaire de biens-fonds qui paye pour 500 francs d'impôts, a, je suppose, 10,000 fr. de prêtés à 5 0[0, cela fait 500 francs de revenu, et s'il paye moitié d'impôt que les propriétaires fonciers, c'est-à-dire environ 6 fr. 50 par cent, il aurait à payer 32 fr. 50; ajoutez les 32 fr. 50 aux 250 fr. cela fera, 282 fr. 50, ce qui, ôtés de 500, lui ferait en moins à payer 217 fr. 50. Je suppose que le bien-fonds ne soit diminué que d'un tiers, c'est-à-dire que sur 500 francs on le diminue de 166 fr. 20, et que son argent ne lui rapporte que 4 0[0 au lieu de 5, cela lui fera 40 fr. du mille ou 400 francs de revenus; à 6 0[0 d'impôts, il aura donc 24 fr. à payer sur son capital s'il est diminué d'un tiers sur son bien-fonds. Aux 333 fr. 50 ajoutez les 24 fr. cela lui ferait 357 fr. 70 à payer au lieu de 500 francs; il gagnerait encore 142 fr. 30 qu'il aurait de moins à payer.

LE BOURGEOIS

Vous verrez avant peu, avec la liberté de la presse comme nous l'avons une révolution, surtout parce que nous avons le suffrage universel.

LE PAYSAN

C'est vous, messieurs, qui avez demandé la liberté de la presse et le vote universel pour vous servir de marchepied ; maintenant vous voudriez le restreindre parce qu'il vous oppresse attendu qu'il demande l'abolition des privilèges.

LE BOURGEOIS

Quand la Révolution arrivera, elle sera terrible !...

LE PAYSAN

Je n'en doute pas, parce que voilà déjà, depuis le commencement de la République, bien des années de passées depuis qu'on propose des réformes sur les impôts, sur les corvées, etc., et on a toujours refoulé les propositions. Oui, elle sera terrible par votre faute. Vous étiez avec les intransigeants (ceux appelés ainsi sont l'extrême gauche), pour chasser les jésuites et laïciser les écoles, instituer les bataillons scolaires, etc.

Vous avez, dans vos journaux, critiqué les ministres de la religion, depuis les frères de la doctrine chrétienne jusqu'aux évêques, tout cela pendant l'existence du comte de Chambord, parce que vous n'en vouliez pas pour roi. Je ne trouve pas mal qu'on ait chassé les jésuites, et qu'on ait donné le programme de l'instruction tel qu'il est. Au contraire, je trouve tout cela très bien. Tout ce que vous avez fait c'était dans l'intention d'arriver à vos fins, c'est-à-dire d'avoir un roi des bourgeois comme feu Louis-

Philippe Iᵉʳ. Aujourd'hui, je crois que tous vos procédés se retourneront contre vous, vous vous en êtes aperçu un peu trop tard; si vous pouviez ou si vous osiez vous remettriez les jésuites aux mêmes conditions qu'auparavant; car vous causez dans vos journaux comme si c'était un jésuite qui les rédige, voir l'*Aube* et le *Petit Républicain*. Ce qui pourra vous gêner le plus ce sont les bataillons scolaires en cas d'une révolution. Tout cela, c'est votre ouvrage.

LE BOURGEOIS

Vous avez été bien aises que nous fassions la prise de la Bastille, le 14 juillet 1789, et par conséquent qu'on vous ait rendu libres, qu'on ait supprimé les corvées.

LE PAYSAN

Nous en sommes très reconnaissants envers vos ancêtres, mais non pas envers vous; parce que depuis 1832 nous n'avons plus les corvées d'un seigneur, c'est vrai, mais au lieu d'un seigneur nous en avons dix: cela est l'ouvrage de la bourgeoisie.

LE BOURGEOIS

Sous le roi Louis-Philippe on a commencé les chemins vicinaux, les routes départementales, qui ont rendu un grand service à l'agriculture et au commerce. Vous comptez donc cela pour rien.

LE PAYSAN

Au contraire. Je trouve qu'on a fait une bonne

chose pour tout le monde, que c'était rendre un
grand service à l'agriculture. Mais cela ne vous
a pas coûté cher, messieurs les rentiers (et vous
êtes bien heureux de voyager dans nos campagnes en voiture comme à pied), tandis que nous
avons donné notre argent et nos corvées en
nature.

Si l'Etat ou le département font des subven-
tions, qui est-ce qui fournit de l'argent à l'Etat
et au département? C'est toujours nous, et encore plus le petit que le gros propriétaire,
parce que l'assiette de l'impôt sur les corvées
n'est pas établie selon la fortune de chacun.
Un ouvrier qui ne possède rien doit, suivant
votre loi du 31 mai 1832, la taxe à trois journées
de travail tant sur les rues que sur les chemins
vicinaux. Si l'on supprimait les corvées au lieu
de 6 fr. 90 il n'en paierait pas pour 30 centimes.

J'en connais plusieurs qui ont deux fils qu'on
a soin de porter pour la corvée à l'âge de dix-
huit ans : c'est la loi; il faut qu'il la fasse ou que
le père paye 20 fr. 70 au lieu de 30 centimes.
Vous trouvez que cela est juste? voilà pourquoi
je vous dis qu'au lieu d'un seigneur nous en
avons dix.

LE BOURGEOS

Quand il arrive que l'ouvrier n'a pas d'ouvrage, comme en 48 et en 70, on est obligé de
voter des fonds pour sa subsistance.

LE PAYSAN

Cela ne coûte pas beaucoup à ceux qui ne
payent presque point d'impôts. Celui à qui on a

fait payer 20 francs de corvée de plus qu'il ne devrait payer, si la crise n'arrive que tous les dix ans cela ferait, sans les intérêts, 200 francs. Si l'ouvrier les avait mis à la caisse d'épargne, en prenant l'intérêt de la première année et ainsi de suite, cela ferait une somme ! Il n'aurait peut-être pas besoin de vous. Vous ne lui donnez que ce que vous lui avez pris !...

Vous lui faites faire des travaux sur les chemins pour déblayer ou pour remblayer, de manière qu'il faut qu'il le gagne cet argent. Alors vous ne lui donnez rien ! Voilà comment vous faites la charité aux pauvres !

LE BOURGEOIS

Vous parlez de faire payer un impôt sur l'argent prêté. Mais si j'ai prêté de l'argent à un particulier, il faudra que je le déclare au fisc. Vous êtes bien aises que personne ne sache si vous avez emprunté de l'argent.

LE PAYSAN

Un particulier qui a les moyens de répondre à ses obligations, cela ne le gêne pas. Il n'y a que les gens qui ne sont pas dans de bonnes conditions de fortune que cela pourrait gêner. Si leur en prêtez, vous avez soin de vous renseigner au bureau des hypothèques ou chez votre notaire, ou chez votre avoué. Vous prenez sur son bien une hypothèque avec sa signature et celle de sa femme. Pour mille francs, vous hypothéquez pour quatre ou cinq mille francs d'immeubles. Cela lui coûte cher.

Il vaudrait mieux qu'il n'emprunte pas, qu'il

vende pour se liquider de suite, que d'avoir à
faire à vous.

LE BOURGEOIS

Si vous aviez à faire à un usurier qui vous
prête à 8 ou 10 0[0, cela vous coûterait davantage.

LE PAYSAN

Un jour, j'étais en conversation avec un capita-
liste qui parlait d'un usurier, il disait que c'était
un malhonnête homme qui prêtait de l'argent à
8 ou 10 0[0. Après la conversation finie, sur ce
sujet. Je lui ai demandé à louer une pièce de
terre. Il m'a répondu qu'il avait un cheval et
un homme à son service et qu'il pouvait faire
valoir cette pièce de terre avec les autres, que
cela ne lui coûterait pas beaucoup plus. Je lui
ai répondu : Si je vous la louais assez chère ? Il
m'a demandé combien je lui offrais de loyer. Je
lui ai dit : Je vous donne 45 francs des 42 centiares par année, payables à la Saint-Martin, et
pour douze années.

Il m'a répondu : J'accepte vos offres. Les
terres dans la contrée pouvaient à peine se
louer de 20 à 25 francs !

· J'en conclus que c'est parce que vous n'osez
pas prêter votre argent à des gens qui ne vous
donnent pas de garanties convenables, de peur
de perdre la rente et le principal. Je ne dis pas
que vous ayez tort.

Mais, pour votre pièce de terre, vous n'avez
pas peur de perdre ni la rente ni le principal.
Si je ne vous payais pas le loyer vous pourriez

faire saisir mes emblaves et votre capital vous
resterait.

Tandis que l'usurier n'a de garantie, si l'emprunteur est un commerçant, que son billet
et sa signature. Il hasarde de gagner ou de perdre tout. Celui qui va chez l'usurier c'est qu'il
ne peut pas avoir d'argent ailleurs, parce qu'il
n'a pas la confiance du public.

Un commerçant qui a vendu et livré pour
dix, quinze ou vingt mille francs de marchandises à un autre, compte sur la somme pour payer
les marchandises qu'il a à racheter pour rem-
placer celles qu'il a vendues. L'échéance arrive, son client ne rembourse pas la somme, le
voilà embarrassé. S'il venait chez vous vous de-
mander de l'argent, vous lui diriez que vous
n'en avez pas. Alors, il sera obligé d'aller chez
l'usurier, il lui offrira de lui payer 10 ou 12 0ı0.
Ils tombent d'accord ! Le négociant est bien
content, il va pouvoir faire face à ses affaires et
par conséquent il ne perdra pas la confiance
des commerçants. S'il gagne 20 à 30 0ı0 il
aura bientôt fait de remettre ses affaires en
équilibre. Vous voyez que l'usurier rend quelquefois service.

Une autre fois, un individu me faisait cette
question, en parlant d'un usurier : voudriez-vous
avoir sa réputation et sa fortune ou rester
comme vous êtes ? Je lui ai répondu combien
avez-vous loué votre terrain à votre voisin ? Il
m'a répondu je lui ai loué 4 fr. les 42 centiares
et je me suis réservé le droit de laisser mes
peupliers pour avoir le produit de l'élagage pour

me faire du bois. Je lui ai répondu : vous avez profité qu'il ne pouvait pas en avoir ailleurs à sa convenance !

Moi qui en avait loué à côté de ce terrain à raison de 40 centimes les 42 centiares et j'avais les élagues de peupliers et la tonte de saules, je lui ai fait remarquer qu'il savait que son voisin ne pouvait pas en avoir ailleurs et que par conséquent il avait loué à usure. Et combien de gens qui traitent les usuriers de canailles, de voleurs, s'ils ne font pas de même c'est parce qu'ils ont peur de perdre ?

LE BOURGEOIS

Si on ne vous paye pas le loyer de votre terre, d'après ce que vous venez de me dire, vous avez votre garantie des emblaves et du mobilier de votre fermier.

LE PAYSAN

On ne fait pas toujours comme on veut : si votre fermier a fait la première année une mauvaise récolte et qu'il ne peut pas payer intégralement son loyer, qu'il n'en paye que la moitié on laisse le reste pour l'année suivante. L'année d'après il perd un cheval ou une épidémie vient lui enlever une partie de ses moutons ou de ses vaches, une maladie dans sa famille ou lui-même tombe malade, c'est un bon ouvrier qui a de l'ordre dans sa maison, pouvez-vous de suite, la deuxième ou troisième année, faire saisir son mobilier, c'est-à-dire le ruiner ? Vous passeriez pour un homme trop exigeant et vous ne pourriez plus trouver de fermiers. Ce n'est déjà sans cela que trop difficile d'en trouver depuis qu'on néglige de protéger l'agriculture.

LE BOURGEOIS

Si on ne vous paye pas l'intérêt, c'est-à-dire le loyer; le capital (la terre) vous reste, on ne peut pas vous l'enlever. Votre capital étant assuré, vous n'êtes point en danger d'être ruinés!

LE PAYSAN

Depuis une vingtaine d'années nos terres, c'est-à-dire notre capital, ont toujours été en diminuant. Ces terres qui ont coûté à nos pères et à nous-mêmes, de 1,000 à 1,500 fr. se vendent aujourd'hui de 5 à 3 fr., 2 fr. et quelquefois 1 fr. Où est donc la garantie de son capital pour celui qui ne peut pas trouver à les louer après les avoir augmentées par les fumiers et les engrais de toutes sortes — ces terres à 12 ou 15 fr. qui devraient lui rapporter le double ce qu'on les louait à l'époque où il en a fait l'acquisition? C'est tout le contraire : on lui en offre moins. Tous les frais d'augmentation de ces terres sont perdus pour lui, et vous dites que notre capital est bien garanti? Vous voyez qu'un cultivateur-propriétaire a perdu les trois quarts de sa fortune et toutes les améliorations qu'il a faites dans son bien. Se priver de tous les plaisirs des gens des villes, des spectacles, des soirées, des bals, etc., ménager son argent pour acheter des fumiers et des engrais, tout cela est perdu.

LE BOURGEOIS

Si on nous fait payer un impôt sur notre re-

venu, nous serons obligés de déclarer au fisc
tous nos titres de rentes sur les particuliers qui
nous ont emprunté de l'argent, on ne trouverait
quelque chose de plus vexatoire!...

LE PAYSAN

Après la Révolution de 1789, on a fait un nouveau cadastre et en 1833 on en a fait un autre, il
a bien fallu déclarer ses propriétés suivant les
classes des terres de 1re, 2e et 3e classe ; ce que
les 42 ares 21 centiares, c'est dire l'arpent ancien, pouvait rapporter soit en froment, seigle
ou avoine, suivant le produit de chaque pays,
suivant la valeur des terres. On a pris des ren-
seignements sur la mercuriale des quinze der-
nières années, on a déduit les deux années les
plus fortes et les deux plus faibles, on a addi-
tionné les onze autres et l'on a divisé par onze
pour avoir la moyenne. Ce travail a donné le
revenu moyen de chaque 42 ares 21 centiares ou
de l'arpent ancien, soit qu'il soit emblavé en
froment, seigle avoine, ou orge suivant l'usage
d'emblaver les terres dans chaque localité. On a
compté le produit brut de chaque 42 ares 21 centiares ou arpent d'avoine, d'après la quantité de
boisseaux que pouvait produire chaque arpent
soit en froment, avoine ou orge, d'après le prix
moyen calculé sur la mercuriale des onze années
comme nous l'avons expliqué plus haut ; puis
on a déduit les frais de semence suivant la quantité qu'il fallait de boisseaux suivant les classes
des terres parce qu'il fallait plus de semence
dans les bonnes terres que dans les mauvaises,
soit en avoine ou en froment. On calculait tou-

jours le prix du boisseau d'après la mercuriale. On a calculé suivant l'usage de chaque pays combien on donnait à la terre de labours pour la préparer à recevoir la semence soit en froment, soit en suivant l'assolement des terres dans chaque pays ; le hersage, le roulage, le sarclage, le sciage du blé, le fauchage de l'avoine, le battage de tous les grains en général. Enfin on a déduit pour établir le revenu net de nos biens jusqu'au transport de nos denrées au marché le plus voisin de notre domicile et encore le bénéfice que doit faire le fermier sur son exploitation. On estimait à un dixième le bénéfice du fermier qu'il fallait déduire sur le revenu net, cela me paraît très juste : si un fermier n'avait pas un bénéfice en dehors de son travail ; autant qu'il soit journalier ou voiturier pour les autres propriétaires ou cultivateurs, c'est-à-dire pour le compte des autres.

Vous vous plaignez, messieurs les rentiers, que votre argent ne vous rapporte presque plus rien.

Je suppose qu'on fasse un nouveau cadastre l'année prochaine ; qu'on le fasse d'après les principes avec lesquels on a fait les deux derniers, c'est-à-dire qu'on déduise du produit brut de nos terres les frais d'exploitation jusqu'au moment de livrer nos produit au commerce. Je ne sais pas comment on établirait l'impôt sur notre revenu ? On n'est pas près de le faire car l'on ne pourrait pas, à moins qu'on ne fasse supporter un impôt arbitraire aux propriétaires puisque les frais d'exploitation absorbent tout.

LE BOURGÉOIS

Vous n'êtes pas aussi imposés que nous sur vos voitures.

LE PAYSAN

Nous avons des voitures à deux roues qui nous servent pour aller travailler aux champs, soit pour labourer ou faire de la main-d'œuvre, soit aux vignes pour transporter nos vivres quand on est pour y rester du matin au soir, c'est-à-dire depuis 5 heures 1/2 à 6 heures du matin jusqu'à 8 heures du soir, par les grandes chaleurs. Il faudrait donc si nous voulions ménager 2 fr. 50 ; que nous traînions sur notre dos notre boisson quelquefois jusqu'à 6 ou 7 kilomètres avec nos outils, etc. Le matin nous sommes levés à 3 heures 1/2 ou 4 heures pour faire déjeûner notre cheval et préparer toutes nos affaires avant de partir ; quand on est rentré il faut donner à souper au cheval et à nous-mêmes ; cela demande à peu près 2 heures, de sorte que l'on n'est pas couché avant 10 heures ; puis le lendemain il faut faire la même chose. En moyenne cela fait environ 18 heures de travail par jour.

Ce ne sont pas des voitures de luxe que nous avons, c'est ce qu'on appelle vulgairement une voiture à boucher.

Si on se sert quelquefois de cette voiture en dehors, c'est pour acheter une vache, un cheval, ou pour des fourrages et des engrais ; enfin, tout cela fait partie de notre état de cultivateur, ce n'est pas pour nous promener, à moins que ce soit pour aller une fois ou deux à la fête d'un village voisin chez un ami.

Il faudrait donc que nous prenions un tombereau pour toutes ces choses-là? C'est bien la moindre des choses, qu'on se repose un peu dans sa voiture après avoir travaillé toute la journée par la chaleur et les injures du temps. On nous impose encore notre cheval comme cheval de luxe en demi-taxe ainsi que la voiture, et vous trouvez qu'on nous fait des grâces?

Un commerçant qui a une belle voiture pour aller voir ses clients, leur offrir des marchandises, ne paye que demi-taxe parce qu'elle lui sert pour son commerce.

LE BOURGEOIS

Dans les campagnes vous n'êtes pas assujettis aux droits d'octroi.

LE PAYSAN

C'est vrai. Mais aussi nous sommes obligés de faire des corvées sur les chemins vicinaux et ruraux.

Ce n'est pas vous, Messieurs les bourgeois, qui payez le plus de droits d'octroi, ce sont les ouvriers. Vous ne fatiguez pas beaucoup, par conséquent vous ne dépensez pas beaucoup en nourriture. Vous achetez des bons vins de Bordeaux, Bourgogne à 400 ou 500 fr. la pièce, avec de l'eau que vous mettez dans votre verre, il vaut mieux que celui que l'ouvrier paye 90 fr. la pièce, et vous ne payez pas plus d'entrée que lui par pièce. Si vous achetez quelques pièces de vin ordinaire c'est pour vos ouvriers; la majo-

rité de ces derniers n'ont pas assez d'avance
pour acheter ces sortes de bons vins ; un tiers
au moins sont obligés d'acheter des vins falsi-
fiés qu'ils payent 50 ou 60 centimes la bouteille.
Il faut qu'ils payent non-seulement les droits
d'octroi, mais le bénéfice du marchand de vin.
Si on faisait de la différence sur les vins, le marchand pourrait leur vendre meilleur marché,
mais les avocats qui font les lois, boivent comme
vous, les bons vins d'Espagne, de Bourgogne,
etc., ils ne veulent pas changer le système.

Comme les droits d'octroi sont perçus en partie
pour l'entretien des chemins et rues de la ville,
c'est encore comme dans la campagne ; les ouvriers qui ont la plus forte partie des frais à
supporter pour cet entretien.

LE BOURGEOIS

Si on nous fait payer un impôt sur nos rentes,
ce sera toujours l'emprunteur qui sera obligé
de le payer et on lui fera payer l'intérêt plus
cher.

LE PAYSAN

Si l'emprunteur ne vous paye pas les intérêts
ou s'il ne vous rembourse pas le capital à l'époque convenue d'après l'obligation qu'il a sous-
crite, il faudra que vous le fassiez paraître devant
les juges compétents. N'ayant pas déclaré au fisc
pour payer l'impôt, on vous condamnera à une
amende arbitraire de sorte que vous n'y reco -
mencerez pas de si tôt, et cela servira d'exemple
aux autres.

_____

www.ingramcontent.com/pod-product-compliance
Lightning Source LLC
Chambersburg PA
CBHW060507210326
41520CB00015B/4130